Brincadeiras engraçadas

Dados Internacionais de Catalogação na Publicação (CIP)
(Câmara Brasileira do Livro, SP, Brasil)

Berkenbrock, Volney J.
   Brincadeiras engraçadas : para momentos de diversão na escola... / Volney J. Berkenbrock ; ilustração Emerson Souza. - 5. ed. - Petrópolis, RJ : Vozes, 2013.
   ISBN 978-85-326-3449-8
   1. Alegria 2. Diversões 3. Felicidade 4. Festas 5. Jogos infantis 6. Recreação I. Título.

07-0231   CDD-790.1

Índices para catálogo sistemático:
1. Brincadeiras de festa : Atividades recreacionais 790.1
2. Festas : Brincadeiras : Atividades recreacionais 790.1

Volney J. Berkenbrock

Brincadeiras engraçadas

Para momentos de diversão na escola, em encontros de grupos, em festas de família, em confraternizações de empresas, em gincanas, passeios e muitas outras ocasiões

Ilustração: Emerson Souza

Petrópolis

© 2007, Editora Vozes Ltda.
Rua Frei Luís, 100
25689-900 Petrópolis, RJ
Internet: http://www.vozes.com.br
Brasil

Todos os direitos reservados. Nenhuma parte desta obra poderá ser reproduzida ou transmitida por qualquer forma e/ou quaisquer meios (eletrônico ou mecânico, incluindo fotocópia e gravação) ou arquivada em qualquer sistema ou banco de dados sem permissão escrita da Editora.

Editoração: Fernando Sergio Olivetti da Rocha
Projeto gráfico: AG.SR Desenv. Gráfico
Capa: Emerson Souza

ISBN 978-85-326-3449-8

Editado conforme o novo acordo ortográfico.

Este livro foi composto e impresso pela Editora Vozes Ltda.

Dedicatória

A quem é motivo de alegria e encanto!

Sumário

Introdução, 9

1. Apagando a vela com o traseiro, 11
2. Falando com o grupo, 15
3. Tibitar, 19
4. Presente de animal, 21
5. Cruzado ou descruzado, 25
6. Corrida maluca, 29
7. Caneta na garrafa, 33
8. Toca de coelho, 35
9. Corrida da vela, 39
10. Pingue-pongue (tênis de mesa) com obstáculos, 43
11. Puxa ou solta, 45
12. Pescador de moedas, 47
13. Corrida do linguarudo, 49
14. Balão de ar num círculo, 51
15. Bola no balde, 53
16. Atacar e defender o boneco, 55
17. Orquestra de instrumentos, 59

18. "Faço" ou "não faço", 63
19. Corrida com laranja nas costas, 67
20. Voltas no tonto, 69
21. Bolinha na colher, 71
22. Corrida da bolinha na colher, 73
23. Dança do pregador, 77
24. Corrida dos pregados em dupla, 79
25. Pregador na boca, 83
26. Corrida de tocadores de balões, 87
27. Bola ao pneu, 91
28. Gincana rápida, 93
29. Basquete invertido, 97
30. Bola na caixa da cabra-cega, 99

Introdução

Quem não gosta de divertir-se? É parte de nosso modo de ser humanos gostar de diversões. Uma das maneiras mais utilizadas para a diversão são os jogos e as brincadeiras.

Neste livro estão reunidas 30 brincadeiras. O objetivo principal desta coletânea de brincadeiras é proporcionar diversão aos participantes. Por isso optamos por chamar a coletânea de "brincadeiras engraçadas". Elas devem trazer graça, leveza, alegria aos participantes.

Além de proporcionar diversão, estas brincadeiras também podem ser usadas para proporcionar entrosamento nos grupos, para ajudar no aprendizado, para melhorar o clima de encontros de grupos etc. A principal meta, no entanto, de nossa proposição é fazer com que haja diversão. Se servirem para outros objetivos – e bons objetivos –, estaremos indo além de nossas expectativas.

Esta diversão que as brincadeiras estão propondo foram pensadas para diversas ocasiões. Elas servem muito bem para momentos de descontração na escola, por exemplo. Estamos propondo diversas brincadeiras em forma de competição, criando, assim, jogos diferentes dos tradicionais já utilizados. Outro momento muito oportuno para o uso destas brincadeiras são encontros de grupos. Num intervalo do encontro, no final de um dia de trabalho, nada melhor que uma brincadeira engraçada para melhorar o clima no grupo, bem como motivar a participação. Da mesma maneira, estas brincadeiras servem como forma de descontração em encontros tanto de formação como de confraternização de empresas. Ainda na linha de sugestão de momentos adequados para as brincadeiras, lembramos as festas e os encontros de família. Pensamos aqui especialmente em festas infantis. Uma última sugestão de momentos para utilização destas brincadeiras são gincanas promovidas pelos mais diversos grupos. Há aqui sugestão de brincadeiras engraçadas que podem ser realizadas rapidamente em gincanas.

Cada brincadeira aqui apresentada é acompanhada de uma ilustração. Dois são os objetivos das ilustrações: por um lado, dar ao leitor a possibilidade de visualizar a brincadeira, ajudando assim a compreensão de seu funcionamento. Por outro, as próprias ilustrações já são engraçadas, ajudando a cumprir o objetivo do livro: proporcionar diversão.

E é isto que desejamos a todos os que possam vir a utilizar-se das brincadeiras aqui propostas: diversão e alegria.

Volney J. Berkenbrock
Emerson Souza

1. APAGANDO A VELA COM O TRASEIRO

Materiais
- Copo com água
- Rolhas ou bolas de papel
- Barbantes
- Velas
- Fósforos

A realização desta brincadeira requer que se providenciem, antes, copos com água, pedaços de barbante (com cerca de 50 a 60 centímetros cada pedaço), rolhas, velas e caixas de fósforos (ou isqueiros). Cada rolha deverá ser amarrada na ponta de um pedaço de barbante. O grupo de participantes é então dividido em times. Podem ser dois, três, quatro ou até mais times. Para que a brincadeira funcione bem é aconselhável que cada time seja composto por pelo menos cinco ou seis integrantes. É necessário que os times sejam formados por números iguais de componentes. Quando o número de pessoas presentes não formar uma divisão igualitária, uma ou mais pessoas podem ser designadas para o papel de fiscais ou ajudantes da prova.

Tendo sido formados os times, devem-se posicionar as pessoas da seguinte maneira: os times devem ser postos lado a lado, atrás de uma linha, a uma distância de 1,5 a 2 metros um do outro. Numa distância de uns 5 metros pelo menos de onde estão os times, deverá ser posta uma outra linha e, atrás desta, um copo com água, ao lado de uma vela e uma caixa de fósforos (ou isqueiros), sempre formando conjuntos: um conjunto para cada time.

Estando tudo isto preparado, pode-se iniciar a brincadeira, que funciona da seguinte maneira: cada time deverá designar uma sequência entre seus componentes (1º, 2º, 3º, etc.). Dado o sinal, o 1º componente do grupo deverá correr até a outra linha, pegar a caixa de fósforos (ou isqueiro) e acender a vela que está ao lado do copo com água. Enquanto este componente realiza a tarefa, os membros do time deverão amarrar o barbante com a rolha na parte detrás da calça do 2º componente. Tendo sido amarrado o barbante (de tal maneira que a rolha fique pendurada) e tendo o 1º componente voltado e tocado com a mão o 2º componente (que deverá estar aguardando atrás da linha), este deverá correr até o lugar onde está a vela e o copo com água. Lá chegando, ele deverá agachar-se de tal forma que a rolha seja molhada dentro do copo com água. Tendo sido molhada a rolha, ele deverá abaixar de tal forma a apagar a vela com a rolha molhada (dando a impressão a quem está olhando que está apagando a vela com o traseiro!). Não é permitido que se usem as mãos para direcionar o barbante. Tendo sido apagada a vela, este componente corre de volta e toca o 3º membro do grupo, que deverá correr e acender novamente a vela, enquanto o grupo amarra o barbante com a rolha no 4º componente. Assim, sucessivamente, todos os componentes do grupo deverão ou acender ou apagar a vela. Será vencedor o time que fizer esta rodada no menor tempo. Pode-se estipular que a partida será composta de diversas rodadas e terminará quando um grupo atingir, digamos, cinco vitórias.

Para o caso de os participantes estarem trajados de tal forma que não permita que o barbante seja amarrado atrás na calça, pode-se usar a alternativa do pregador de roupa. Assim, o barbante estaria amarrado na rolha de um lado e num pregador de roupa do outro. O pregador de roupa seria, na competição, preso na parte detrás da calça de quem tem a tarefa de apagar a vela. No caso de falta de rolhas, estas podem também ser substituídas por bolinhas de papel.

Os participantes da brincadeira se reúnem em uma sala (mas pode ser também num lugar aberto). Quatro ou cinco pessoas são convidadas a sair da sala (ou a se afastar de tal forma a não conseguir ouvir o que o grupo está combinando). Ao restante do grupo se explica então a brincadeira: os participantes que foram convidados a se retirarem serão chamados um a um de volta ao grupo e terão que fazer perguntas a membros do grupo. O grupo deverá combinar uma senha para responder as perguntas e a tarefa da pessoa será justamente adivinhar qual é esta senha.

Exemplos de senhas que podem ser combinadas: a) Toda vez que a pergunta terminar com uma consoante, somente a pessoa questionada deverá responder; e toda vez que a pergunta terminar com uma vogal, todos deverão responder em voz alta (cada qual a sua resposta, criando um burburinho). b) Toda vez que a pessoa que for questionada for uma mulher, quem está à sua direita é que deverá responder; e toda vez que for um homem questionado, a pessoa à sua esquerda deverá responder. c) Se no grupo estiverem diversos participantes que usam óculos, pode-se combinar que, sempre que alguém de óculos for questionado, ninguém responde nada e, quando alguém sem óculos for perguntado, todos respondem ao mesmo tempo. O grupo poderá ser bastante criativo em pensar senhas, mas estas não deverão ser tão sutis ou complicadas que inviabilizem a sua descoberta.

Tendo sido combinada a senha, as pessoas que estavam fora do grupo são chamadas uma a uma. Chegada a primeira pessoa, é explicado a ela que o grupo combinou uma senha para responder perguntas. A pessoa deverá, pois, fazer perguntas, sempre em voz alta e dirigindo-se especificamente a alguém do grupo. A partir da resposta ou da forma da resposta, a tarefa desta pessoa será descobrir qual a senha que o grupo está utilizando. A pessoa poderá iniciar então as perguntas, até conseguir adivinhar a senha ou desistir. O grupo deverá contar quantas perguntas o candidato utilizou para chegar à senha. Tendo a pessoa adivinhado a senha (ou desistido), é chamada a segunda pessoa e se repete todo o processo. Quando todos os que estavam fora já tiverem adivinhado a senha, será declarado vencedor quem conseguiu descobrir a senha com o menor número de perguntas.

Uma variação desta brincadeira é chamar de volta as pessoas que estavam fora todas de uma vez, explicando o processo da brincadeira e a tarefa de adivinhar a senha. As pessoas poderão ir fazendo perguntas (tipo cinco perguntas para cada pessoa). Será vencedora aquela pessoa que primeiro descobrir a senha, analisando as respostas do grupo, independente de ter ou não feito ela mesma alguma pergunta.

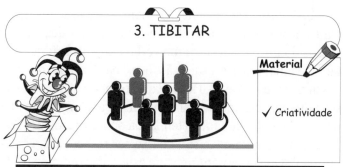

Esta brincadeira é um jogo individual e bastante adequada para um grupo em torno de cinco ou seis participantes. Uma pessoa do grupo pensa em um verbo e as outras terão que tentar adivinhar qual é esta ação pensada, fazendo perguntas a quem pensou no verbo. Deve-se organizar de tal maneira as pessoas que as perguntas sejam feitas em sequência pelos participantes, de modo que todos tenham a oportunidade de fazer sua pergunta. As perguntas só poderão ser respondidas com "sim" ou "não". Qualquer pergunta que exigir uma outra resposta não deverá ser atendida/respondida.

As perguntas deverão ser feitas colocando no lugar do verbo procurado a palavra "tibitar" (ex.: Você "tibita" todo dia? É preciso "tibitar" para viver? Você "tibita" em seu trabalho?). Os participantes deverão contar o número de perguntas feitas a quem pensou no verbo. Quando alguém achar que já sabe o que é "tibitar", pode tentar adivinhar. Quem pensou o verbo, deverá apenas responder "acertou" ou "não acertou", sem qualquer comentário. No caso de a resposta não estar correta, o grupo continua a fazer perguntas, até saber o que é "tibitar". No caso de a resposta estar correta, passa-se a vez a outra pessoa, que irá pensar em um outro "tibitar". O jogo se encerra quando todos já tiverem tido a oportunidade de pensar seu "tibitar" e será vencedor aquele(a) que tiver pensado um verbo que exigiu o maior número de perguntas dos outros participantes.

O jogo poderá também ser repetido até que todos já tenham se divertido o suficiente, sem a preocupação com um vencedor. Esta brincadeira é especialmente adequada para uma família ou um pequeno grupo de pessoas que tiver que passar algumas horas juntas, como em viagem ou em algum lugar de espera, por exemplo.

4. PRESENTE DE ANIMAL

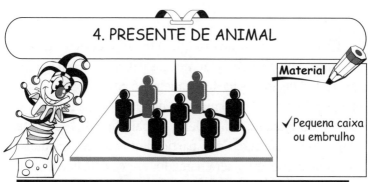

Material
- Pequena caixa ou embrulho

QUERIDO CATITU, ACEITE ESTE PRESENTE QUE AQUELE CAVALO MANDOU ENTREGAR PARA AQUELA ANTA!

Esta é uma brincadeira que tem por objetivo a diversão do grupo, sem preocupação necessariamente com competição. Antes do início da brincadeira, é preciso providenciar uma pequena caixa ou embrulho que irá representar um presente. Para iniciar a brincadeira os participantes se reúnem, formando um círculo. Cada participante deverá escolher um animal pelo qual quer ser chamado (ex.: cavalo, égua, gata, tigre, vaca, boi, cachorro, cadela...). Os nomes dos animais não deverão ser repetidos e é interessante que se escolham animais que possam, de alguma maneira, ser imitados.

Quando cada um já tiver escolhido o nome do animal, deverá ser feito um pequeno exercício de memorização dos "animais" presentes. Este exercício pode ser realizado assim: cada um diz em voz alta que animal está representando. Depois disto, o grupo todo repete na roda duas ou três vezes o nome do animal, memorizando assim de que animal cada um dos participantes deverá ser chamado.

Quando os nomes dos "animais presentes" já tiverem sido memorizados, a brincadeira pode começar e funciona da seguinte maneira: o iniciador da brincadeira deverá pegar a pequena caixa ou o embrulho que representa o presente, ir até um dos "animais" do círculo e dizer a seguinte frase: "Querido(a) ____ (dizendo o nome do animal): aceita este presente, que aquele(a) ____ (e diz o nome do "animal" que mandou o presente, sendo que a primeira pessoa a falar pode inventar o "animal" que teria enviado o presente) mandou entregar pa- ra aquele(a) ____ (e diz o nome de outro "animal" presente na roda, apontando com a cabeça na direção do "animal" para quem o presente está sendo enviado)". A frase ficará, por exemplo, assim: "Querida vaca, aceita este presente que aquele burro mandou entregar para aquela cadela". O "animal" que recebeu o presente deverá se dirigir ao "animal" para o qual o presente está destinado, dizendo a mesma frase, colocando, porém, o nome certo dos animais. As frases deverão ser ditas em voz alta, de modo que todos possam ouvir. Enquanto o presente está sendo entregue, os "animais" podem ir trocando de lugar na roda para tentar confundir as pessoas. Quem errar o nome de algum animal na frase (seja o nome do animal para quem está entregando o presente, o nome do animal que mandou o presente ou o nome do animal para o qual se destina o presente) deverá ir ao centro do círculo e imitar o animal cujo nome foi dito errado.

A brincadeira torna-se mais interessante à medida que as frases e todo o exercício forem feitos com uma certa rapidez e que se tenha escolhido nomes de animais engraçados. O término da brincadeira se dá quando o grupo já tiver se divertido o suficiente.

5. CRUZADO OU DESCRUZADO

Material
✓ 2 Canetas

Esta é uma brincadeira de capacidade de observação. Todos devem estar sentados em cadeiras, formando um círculo. Quem inicia a brincadeira deve pegar duas canetas, segurando-as na ponta, uma em cada mão. Esta pessoa deverá esticar os braços para frente, cruzando ou não as canetas e dizer bem forte "cruzado" ou "descruzado". Este "cruzado" ou "descruzado" não se refere, porém, à posição das canetas, mas sim ao fato de estar esta pessoa com as pernas cruzadas ou não. Este critério (o das pernas) não deverá ser dito, pois é justamente a senha que todos deverão descobrir. As canetas serão passadas adiante na roda e cada pessoa que as pegar deverá repetir o gesto de esticar as canetas para frente, segurando-as uma em cada mão, cruzadas ou descruzadas. Quem iniciou a brincadeira deverá dizer então "cruzado" ou "descruzado", seguindo o critério da posição das pernas de quem está com as canetas nas mãos.

O grupo deverá ser desafiado a descobrir qual é a senha para se gritar uma coisa ou outra, mas esta senha não deve ser revelada. Quem for descobrindo a senha deverá fazer coro a quem iniciou a brincadeira, dizendo junto "cruzado" ou "descruzado". A brincadeira termina quando todos tiverem descoberto a senha e estiverem gritando em coro "cruzado" ou "descruzado".

Esta brincadeira poderá ter diversas rodadas, sendo que a pessoa que comanda deverá pensar em algum critério de senha para cada rodada. Assim, por exemplo, pode-se tomar como critério dizer "junto" ou "separado", podendo colocar as canetas juntas ou separadas, mas usando como critério se a pessoa que está com as canetas usa óculos (junto) ou não (separado). Ou então a pessoa poderá apresentar para frente somente uma caneta ou as duas e será dito "sozinho" e "conjunto", tendo como critério se a pessoa que está com as canetas estiver "sozinho" como homem entre duas mulheres ou como mulher entre dois homens. Caso não esteja sozinho, será gritado "conjunto". Enquanto houver criatividade para novas senhas e vontade do grupo de continuar, a brincadeira terá sequência.

6. CORRIDA MALUCA

Materiais
- ✓ Vela
- ✓ Castiçal
- ✓ Fósforo
- ✓ Bacia d'água

Esta é uma brincadeira de competição e o ideal é que seja feita num espaço amplo, onde as pessoas possam correr sem obstáculos. Para a realização desta brincadeira é necessário que sejam providenciados previamente bacias com água, caixas e palitos de fósforo, velas, castiçais e mesas. O grupo reunido para a brincadeira é dividido em dois ou três times. Cada time deverá escalar três ou quatro membros para a corrida maluca (o número de membros para a corrida deverá ser igual para todos os times).

Escalados os times, os seus membros deverão estar postados atrás de uma linha. A uma distância de sete a oito metros (conforme o espaço permite), à frente de cada time deverá estar uma mesa e sobre ela uma bacia com água; ao lado desta diversos palitos de fósforo soltos sobre a mesa; ao lado destes uma caixa de fósforos; ao lado desta uma vela apagada e bem na ponta da mesa um castiçal (ou outro lugar apropriado para se colocar a vela).

Cada time deverá escalar a ordem dos seus competidores (primeiro, segundo, terceiro...). A competição consiste no seguinte: ao sinal dado pelo coordenador, o primeiro escalado de cada time deverá correr até a mesa, molhar as duas mãos até os punhos na bacia com água, pegar um palito de fósforo e acendê-lo na caixa de fósforos, em seguida acender a vela (se o palito apagar, deverá acender outro até conseguir acender a vela). Tendo ela sido acesa, esta pessoa deverá correr até o segundo escalado do time, levando consigo a vela acesa. Se ela apagar no meio do caminho, a pessoa deverá voltar até a mesa e acendê-la novamente. O segundo corredor deverá pegar a vela, apagá-la, correr até a mesa, colocá-la sobre a mesa, molhar as mãos na bacia com água, pegar o palito de fósforo, acendê-la novamente e trazê-la ao terceiro escalado. Assim, sucessivamente, todos os escalados deverão repetir o mesmo ritual. O último escalado deverá acender a vela e colocá-la no castiçal. Será vencedor o time que primeiro conseguir colocar a vela acesa no castiçal.

O coordenador da brincadeira deverá escalar fiscais para que as regras do jogo não sejam quebradas. É regra que as mãos tenham que mergulhar na água até os punhos, a pessoa não pode enxugar as mãos em lugar algum (no máximo pode esfregar as mãos uma na outra ou balançá-las para soltar a água), a vela terá que ser levada acesa até o seguinte corredor e somente este poderá apagar a vela. Se a brincadeira for do agrado dos participantes, podem ser realizadas diversas rodadas até que todos tenham se divertido.

7. CANETA NA GARRAFA

Materiais
- ✓ Caneta
- ✓ Barbante
- ✓ Garrafa

Esta é uma brincadeira que pode ser utilizada como diversão apenas ou como competição. Para executá-la é necessário que se providenciem previamente garrafas vazias, canetas e barbante. Os participantes são postados atrás de uma linha e em cada um deles amarra-se, na parte detrás da calça, com um pedaço de barbante, uma caneta, de tal forma que esta fique pendurada a uns dois palmos do chão. A uma distância de seis a sete metros coloca-se em linha as garrafas, em número tal que haja uma garrafa para cada participante.

A brincadeira pode então ser iniciada. Ao sinal do coordenador, os participantes devem correr até onde está a garrafa e acocorarem-se de tal maneira a colocar a caneta dentro da garrafa. Será vencedor aquele que primeiro conseguir encaixar a caneta na garrafa.

Esta brincadeira pode ser feita também em equipes e, neste caso, cada competidor, após ter encaixado a caneta na garrafa, deve correr de volta até a linha de partida. Ali, o barbante com a caneta deverá ser desamarrado deste e amarrado no competidor seguinte do time, que deverá correr e encaixar a caneta na garrafa. E assim, sucessivamente, até que todos os jogadores do time tenham cumprido a tarefa. Será vencedor o time que primeiro conseguir terminar a tarefa.

8. TOCA DE COELHO

Materiais
- ✓ Vassoura
- ✓ Música

Esta é uma brincadeira de pura diversão para o grupo e pode ser feita com um grande número de pessoas. É interessante que ela possa ser realizada ao som de uma música, de preferência de ritmo fácil, onde todos possam simplesmente bailar. Além do som, deve-se providenciar para a brincadeira uma ou duas vassouras, conforme o caso. Os participantes são divididos de três em três, formando trios onde dois serão a "toca" e um será o "coelho". Para que a brincadeira se realize, porém, o número de participantes não deverá ser divisível por três. Deverá ser um número no qual, formados os trios, sobre uma ou duas pessoas. A pessoa que estiver sobrando deverá dançar com a vassoura (no caso de duas pessoas sobrarem, deve-se ter uma vassoura para cada uma).

Depois de formados os trios, cada um deles deverá se organizar da seguinte maneira: duas pessoas deverão se dar as mãos, formando um círculo – que é a "toca" –, e a outra pessoa do trio deverá ficar no meio deste círculo; esta pessoa é o "coelho". Inicia-se então a música e os trios ficam bailando no espaço da brincadeira. Quem estiver sozinho fica dançando com a vassoura.

O coordenador da brincadeira poderá dar então três tipos de ordem. Ele poderá gritar: a) "Troca de coelho". A esta ordem as "tocas", isto é, as duplas de mãos dadas deverão – sem soltar as mãos – correr para achar um outro "coelho". Os "coelhos", por sua vez, deverão ficar parados nos seus lugares. Quem estiver dançando com a vassoura deverá largá-la no chão, na esperança de "virar coelho", isto é, de ser acolhido por uma "toca". Quem ficou sem "toca" deverá pegar a vassoura e dançar com ela. A música continua e todos ficam bailando. Quem coordena a brincadeira poderá também gritar: b) "Troca de toca". A esta ordem as "tocas", isto é, as duplas, deverão ficar paradas no mesmo lugar. Os "coelhos", por sua vez, deverão correr e achar uma outra "toca". Quem não conseguir achar uma toca, dança adiante com a vassoura. A coordenação da brincadeira poderá dar um terceiro tipo de ordem: c) "Toca de coelho". A esta ordem tudo se desfaz e todos correm para formar novas "tocas" ou conseguir ser "coelho" em alguma "toca". Quem ficar sobrando, dança com a vassoura.

Esta brincadeira torna-se divertida quando a coordenação alterna os tipos de ordem, exigindo dos participantes muita atenção e agilidade na hora de executar o que está sendo pedido. As ordens deverão ser ditas, porém sempre em alto e bom som, para que todos as possam ouvir. O grupo pode também estabelecer alguma penalidade para quem executar errado uma ordem.

9. CORRIDA DA VELA

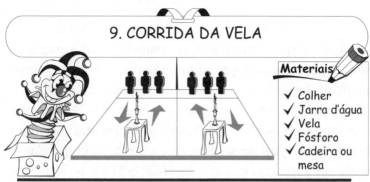

Materiais
- ✓ Colher
- ✓ Jarra d'água
- ✓ Vela
- ✓ Fósforo
- ✓ Cadeira ou mesa

Esta é uma brincadeira de competição em equipes e a sua execução requer que se providenciem para cada equipe participante uma vela (com castiçal), uma caixa de fósforos, uma colher de sopa e uma jarra (ou copo grande) com água e cadeiras (ou mesas). Após terem sido formadas as equipes, com número igual de participantes para cada equipe, elas deverão ser postadas atrás de uma linha, lado a lado. A uma distância de seis a oito metros à frente da linha, na direção de cada equipe, deverá ser posta uma cadeira (ou mesa, se for o caso) e sobre ela a vela no castiçal (ou presa de outra maneira, de tal forma que fique em pé).

As equipes deverão organizar a ordem interna de quem deverá executar a tarefa e esta ordem não pode ser mudada (primeiro, segundo, terceiro, etc.). A brincadeira pode então começar e consiste no seguinte: ao apito (ou sinal) inicial, o primeiro competidor de cada grupo deverá correr com a caixa de fósforos até a vela, acendê-la e voltar para a linha inicial, tocando com a mão o segundo participante. Este já deverá estar preparado, tendo na mão a colher com água. Sua tarefa será correr até a vela e apagá-la com a água da colher. Não será permitido apagar a vela com sopro ou com a própria colher, mas somente com a água da colher (a coordenação deverá colocar fiscais para fazer o controle). Por isso, a pessoa deverá correr de maneira tal que não perca toda a água pelo caminho. Se por acaso a colher estiver vazia e não conseguir apagar a vela, esta pessoa deverá voltar até a linha, encher a colher novamente com água e executar a tarefa. Tendo sido apagada a vela, esta pessoa volta até a linha inicial e toca com a mão o competidor seguinte do time. Este, com a caixa de fósforos na mão, deverá correr para acender a vela. A brincadeira continua sucessivamente até que todos os membros da equipe tenham executado a tarefa de acender ou apagar a vela. Será vencedora a equipe que primeiro fizer com que todos os seus membros tenham participado da tarefa.

10. PINGUE-PONGUE (tênis de mesa) COM OBSTÁCULOS

Materiais
- ✓ Mesa de pingue-pongue
- ✓ Bolas de papel

Esta brincadeira se realiza conforme as regras do tênis de mesa (ou pingue-pongue) e por isso é necessário que haja mesa adequada, as raquetes e a bolinha. A brincadeira é exatamente como o costume de se jogar pingue-pongue, exceto no seguinte detalhe: sobre cada lado da mesa devem-se colocar cinco ou seis bolinhas de papel, distribuídas em ambos os lados mais ou menos na mesma posição.

O jogo se inicia e a contagem de pontos é normal, digamos, com partidas de até cinco pontos. Além, porém, dos pontos normais do jogo, fará três pontos quem acertar com a bolinha de pingue-pongue a bolinha de papel sobre a mesa do oponente. Assim, a brincadeira de pingue-pongue torna-se interessante, pois, além da destreza exigida pelo jogo, cada competidor deverá tentar acertar as bolinhas de papel na mesa do adversário.

A brincadeira pode ser realizada como normalmente se faz no jogo de pingue-pongue, onde o perdedor (em partidas de cinco ou de sete pontos) sai da mesa dando lugar a outro desafiante.

11. PUXA OU SOLTA

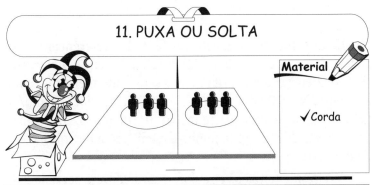

Esta brincadeira deverá ser feita de preferência em lugar de chão batido ou de areia. Para sua execução é necessário providenciar uma corda de uns sete a oito metros de comprimento. No chão devem ser feitos (riscados) dois círculos, a uma distância de uns quatro metros um do outro. Os círculos deverão ser do mesmo tamanho e medir cerca de dois metros de diâmetro.

Tendo sido feitos os círculos, a corda deverá ser colocada de tal maneira que ligue os círculos entre si e tenha um pedaço de corda igual dentro de cada um deles. Executada esta preparação, os dois primeiros competidores deverão ser convidados a entrar um em cada círculo e pegar a corda na mão (só segurar, sem ainda puxar).

A competição pode então ser iniciada e consiste no seguinte: ao sinal do coordenador, cada competidor deverá puxar a corda e tentar fazer com que seu oponente ou solte a corda ou pise na linha (ou do lado de fora dela). Cada vez que um dos competidores soltar a corda ou pisar na linha (ou fora dela), o outro fará um ponto. Cada vez que ocorre um ponto, a corda deverá ser posta na posição inicial, isto é, equidistante para os competidores reiniciarem. Pode-se combinar rodadas de cinco ou dez pontos, dependendo do número de pessoas presentes, pois, tendo alguém ganho a rodada, o perdedor se retira e outro desafiante toma o seu lugar, reiniciando a brincadeira.

É possível fazer esta brincadeira variando o número de pessoas dentro do círculo, isto é, fazendo com que haja duplas ou trios competidores. Para isto é necessário aumentar proporcionalmente o tamanho do círculo. O segredo do bom jogador estará aqui não só na força em puxar a corda, mas também na destreza em soltá-la, tentando fazer com que seu oponente perca ou a corda ou o equilíbrio.

12. PESCADOR DE MOEDAS

Materiais
- ✓ Bacia com água
- ✓ Moedas

Para a execução desta brincadeira devem-se providenciar bacias (grandes) com água e muitas moedas. As bacias com água deverão ser postadas lado a lado sobre uma mesa e dentro delas deverão ser colocadas muitas moedas.

Os competidores deverão ser convidados a se aproximar da bacia (um para cada bacia).

A competição consiste no seguinte: cada participante deverá mergulhar sua cabeça na bacia com água e pegar com a boca o maior número de moedas possível no fundo da bacia. Quem conseguir pegar o maior número de moedas, sem tirar a cabeça de dentro da água, será vencedor. Não será permitido mergulhar a cabeça uma segunda vez, de modo que esta brincadeira exige não apenas destreza em apanhar as moedas, mas também um bom fôlego. (*Observação*: esta brincadeira não deverá ser feita com crianças, devido ao perigo de se engolir as moedas durante a brincadeira.)

13. CORRIDA DO LINGUARUDO

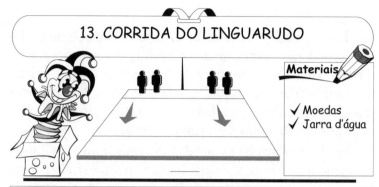

Materiais
- Moedas
- Jarra d'água

Esta é uma brincadeira de diversão e competição de duplas e poderão participar diversas duplas competidoras ao mesmo tempo. Para se iniciar a brincadeira a coordenação deverá providenciar muitas moedas, de preferência moedas iguais e copos com água. Estas moedas deverão ser lavadas cuidadosamente antes do início da prova.

Tendo sido lavadas as moedas, devem-se formar as duplas competidoras. Em cada dupla, um será o linguarudo e o outro será o ajudante. As duplas deverão ser postadas atrás de uma linha e o objetivo será correr até outra linha indicada. Nesta linha indicada deverão estar postadas pessoas, uma para cada dupla participante.

A corrida se dará da seguinte maneira: o linguarudo deverá esticar a língua para fora (com os lábios fechados sobre a língua) e o coordenador deverá colocar diversas moedas (limpas) sobre a língua desta pessoa. Ao lado do linguarudo deverá estar seu ajudante, com um copo com água. Tendo sido postadas as duplas, com as moedas na língua (um número sempre igual de moedas para cada linguarudo), ao sinal do coordenador, a dupla deverá correr em direção à linha de chegada. Se no meio do caminho alguma moeda cair da língua, o ajudante deverá pegá-la, limpá-la rapidamente no copo com água e colocá-la novamente sobre a língua. Será vencedora a dupla que por primeiro chegar na linha indicada e entregar as moedas para a pessoa que lá a espera. Esta pessoa deverá conferir se todas as moedas foram levadas até o final da corrida e também prestar atenção para que as duplas não corram sem as moedas. (*Observação*: esta brincadeira não deverá ser feita com crianças, pois há o perigo de as crianças abrirem a boca e engolirem as moedas.)

14. BALÃO DE AR NUM CÍRCULO

Material
- ✓ Balões

Esta é uma brincadeira de competição e pode ser melhor realizada ao ar livre, em chão de terra ou de areia. Para a sua execução é necessário que se providenciem balões de ar para os participantes (é interessante que se tenham mais balões que participantes para o caso de algum balão estourar).

Estando os participantes reunidos, os balões devem ser enchidos de ar, mas de maneira tal que não fiquem próximos de estourar, ou seja, que não fiquem tão cheios. Desenha-se no chão um círculo de tamanho a comportar os participantes de maneira mais ou menos folgada. Cada participante receberá um balão. É interessante, se for possível, utilizar balões de cores variadas, de forma que eles não se confundam. No caso de não ser possível esta variedade de cores, cada participante deve prestar atenção para não perder de vista o seu balão.

Os participantes, cada qual com o seu balão, deverão entrar no círculo. Ao sinal da coordenação, cada participante deverá jogar o seu balão para cima, de leve, e ficar tocando-o com as mãos, de forma a não deixá-lo cair. Não será permitido segurar novamente o balão. Cada participante deverá manter o seu balão no ar, dentro do círculo. O participante que deixar cair o balão ou que pisar fora do círculo estará eliminado. Será vencedor aquele competidor que por mais tempo conseguir manter o seu balão no ar, dentro do círculo.

Para o caso de o círculo ser grande e restarem dois ou três participantes com espaço suficiente para manter seu balão no ar, sem haver um vencedor, podem ser então realizadas diversas rodadas e será vencedor quem ficar no grupo dos últimos por mais vezes.

15. BOLA NO BALDE

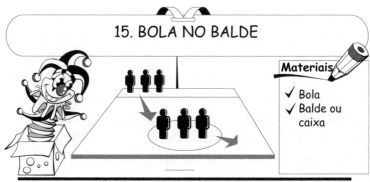

Materiais
- ✓ Bola
- ✓ Balde ou caixa

Esta competição é feita em duplas e pode ser melhor executada em lugar de chão batido ou de areia. Para o início da competição devem ser providenciadas bolas de papel (ou de meia) que possam ser diferenciadas entre si e baldes de plástico (podem ser também lixeiras de plástico ou caixas de papelão), um conjunto para cada dupla participante.

No lugar da competição deverá ser desenhado um círculo no chão, de tamanho tal que haja espaço para o número de duplas participantes. Depois de formadas as duplas, um membro de cada uma delas deverá receber a bola, e o outro, o balde. Aquele que estiver com a bola deverá ser postado dentro do círculo, e o que estiver com o balde ficará fora dele, a uma distância de três metros do mesmo (todos os que estão com o balde deverão estar à mesma distância do círculo). Ao sinal do coordenador, todos os que estão com a bola deverão jogá-la para cima e sair correndo do círculo. Quem está com o balde, por sua vez, deverá correr para dentro do círculo e tentar aparar com o balde a bola que seu companheiro jogou para cima. Quem conseguir aparar a bola terá feito um ponto. Não é válido aparar a bola fora do círculo, nem aparar a bola de outra dupla. O balde é entregue então para quem tinha jogado a bola, este se posta do lado de fora, a uma distância de três metros do círculo, e o mesmo exercício é repetido até que uma dupla tenha alcançado um número predeterminado de pontos. Caso haja empate, deve-se prosseguir a brincadeira até o desempate. Esta brincadeira se tornará mais desafiadora com um bom número de duplas.

16. ATACAR E DEFENDER O BONECO

Materiais
- Taco ou vara de pau
- Bola de tênis ou bola de meia
- Boneco

Esta é uma brincadeira a ser realizada em competição de duas equipes. Para que ela se realize é necessário que se providenciem um boneco relativamente grande (de mais de meio metro), um taco (pode ser uma vara de madeira improvisada) de uns 80 a 120 centímetros de comprimento e uma pequena bola (pode ser uma bola de meia ou uma bola de tênis, por exemplo).

Para início da competição o boneco deverá ser posto em cima de uma mesa ou – se o local permitir – pode ficar pendurado por um barbante. Caso o grupo não arrume um boneco, a brincadeira também pode ser realizada com uma pilha de latas sobre uma mesa, simbolizando o boneco.

Os participantes deverão ser divididos em duas equipes e a competição consiste no seguinte: um grupo deverá atacar e o outro defender o boneco. Para isto, procede-se da seguinte maneira: a uma distância de uns seis a oito metros do boneco se marca uma linha no chão. Os atacantes do boneco deverão ficar atrás desta linha e terão como "arma" de ataque a pequena bola. O outro time, que é o defensor do boneco, deverá postar um de seus membros à frente dele, mas não de maneira tal que fique em sua frente, não permitindo o ataque. Este defensor terá como "arma" de defesa o taco.

Estando os dois times nos seus lugares, a brincadeira pode começar e decorre da seguinte forma: um a um os membros do time dos atacantes deverão jogar a bola, tentando acertar o boneco. O time dos defensores deverá também revezar seu defensor a cada tiro do atacante e sua tarefa será tentar acertar, com o taco, a bola que foi jogada para atingir o boneco. Só será permitido que a bola seja acertada com o taco, ou seja, não vale tentar acertar a bola com a mão, o pé ou outra parte do corpo. A contagem dos pontos será feita da seguinte maneira: cada vez que a bola acertar o boneco, o time dos atacantes terá feito um ponto e cada vez que se conseguir acertar o taco na bola, defendendo o boneco, o time dos defensores terá feito cinco pontos. Quando o defensor não conseguiu acertar a bola com o taco, mas a bola não acertou o boneco, nenhum dos times terá feito ponto. Em forma de revezamento, um após o outro, tanto os membros do time dos atacantes quanto dos defensores deverão jogar a bola ou tentar acertá-la com o taco. Cada partida terá um número pré-estipulado de pontos (tipo 13 pontos) e ela acaba cada vez que uma das equipes atingiu (ou ultrapassou) este placar. Podem ser realizadas diversas partidas, onde a cada partida troca-se as funções: a equipe atacante passa a defensora e a defensora passa a ser atacante. A brincadeira termina quando todos tiverem se divertido à vontade ou quando o tempo estipulado tiver chegado ao fim.

17. ORQUESTA DE INSTRUMENTOS

Material

✓ Criatividade

Esta é uma brincadeira para a diversão do grupo. Presta-se bem para diversão de um grupo relativamente grande de crianças. Reunidos os participantes, o coordenador explica que irá formar uma orquestra de instrumentos com as pessoas que estão presentes. Ele então divide os participantes em diversos instrumentos. Por exemplo, alguns participantes serão tamborins, outros serão violões, outros ainda serão bumbos, um outro grupo poderá representar cuícas e assim por diante. Conforme o número de pessoas, pode-se distribuir um número maior de "instrumentos". Mas é interessante que cada instrumento tenha um grupo mais ou menos igual de componentes e que não sejam poucos os componentes para cada instrumento.

Tendo sido já distribuídos os grupos, o coordenador fará um pequeno ensaio de cada instrumento. Para isto deverá propor um som para cada instrumento (grupo), que mais ou menos imite o som que o respectivo instrumento emite. Assim os tamborins podem fazer "pin-pin-piririn-pin-pin", os violões podem fazer "plém-plém-plim-plém-plém-plim", os bumbos podem fazer "bum-bumbum-bum-bumbum". No ensaio de cada instrumento o coordenador fará o papel de uma espécie de regente, aumentando ou diminuindo o "som do instrumento" (isto é, aumentando ou diminuindo o som que o grupo irá emitir), de modo que todos se adaptem ao som que deverão emitir, bem como a emiti-lo com mais ou com menos vigor.

Quando já foi feito um ensaio de cada instrumento em separado (isto é, de cada grupo de participantes), o coordenador deverá colocar o grupo todo junto, sendo que as pessoas que representam um determinado instrumento deverão ficar mais ou menos juntas dentro do grupão. O coordenador deverá então reger a orquestra como um todo, chamando ora este ora aquele instrumento a sobressair, fazendo o seu som mais alto ou mais baixo dentro do todo. A brincadeira torna-se interessante e engraçada, pois rapidamente cada instrumento irá querer se sobrepor aos outros, emitindo sons cada vez mais fortes. Cabe ao coordenador ir "regendo" a orquestra para diversão de todos.

18. "FAÇO" OU "NÃO FAÇO"

Material
- ✓ Pedaços de papel escritos

TAREFA MÁ
CORRER EM VOLTA DO GRUPO

TAREFA BOA
CHUPAR UMA BALA

Esta é uma brincadeira de diversão em grupo. Para que ela se realize o grupo deverá escrever tarefas em pedaços de papel. Estas tarefas terão que ser coisas que podem ser realizadas ali, junto ao grupo. Devem ser elaborados dois tipos de tarefas: tarefas "boas", isto é, tarefas prazerosas, que seja uma alegria realizar, e tarefas "más", isto é, tarefas que levem seu realizador a ficar numa situação cômica ou constrangedora. Para a elaboração destas tarefas cada participante poderá receber dois pedaços de papel e escrever num uma tarefa boa e noutro uma tarefa má. Quando cada qual escreveu as suas tarefas, estas podem ser lidas em voz alta para que todos saibam quais tarefas foram escritas. Caso o grupo deseje, podem ser escritas mais tarefas ainda. O importante é que haja um bom número de tarefas tanto das más quanto das boas. Se o grupo de participantes for de crianças, com pouca capacidade de elaborar as tarefas, a coordenação pode escrever previamente tarefas para o grupo.

Quando já tiverem sido escritas muitas tarefas, estes pedaços de papel serão dobrados e postos numa cesta ou num saquinho. O grupo é então disposto em forma de círculo e o coordenador deverá retirar um pedaço de papel da cesta (ou pedir para que um participante do grupo o tire). Este pedaço de papel deve permanecer dobrado. O coordenador deve apontar uma pessoa do grupo e perguntar: Faz ou não faz? E este deverá gritar "faço" ou "não faço", conforme ele imagina se a tarefa é boa ou má. A tarefa é então lida para todos e, se a pessoa gritou "faço", deverá executar a tarefa. Se gritou "não faço" e a tarefa for boa, deverá receber uma vaia do grupo. Mas se gritou "não faço" e a tarefa for má, deverá ser aplaudido pelo grupo. O bilhete com a tarefa é posto novamente na cesta e a brincadeira continua, até que todos os participantes tenham tido a chance de escolher algumas vezes se irão fazer ou não a tarefa sorteada. A brincadeira será tanto mais interessante quanto mais "más" ou "boas" forem as tarefas. Encerra-se quando todos já tiverem se divertido o suficiente.

19. CORRIDA COM LARANJA NAS COSTAS

Material
- ✓ Laranja ou maçã

Esta é uma brincadeira de disputa de corrida, mas de uma maneira bem especial, e é interessante para grupo de crianças. Para que ela seja realizada é necessário que se providenciem laranjas em número suficiente para cada um dos competidores. Também podem ser maçãs ou, na falta de laranjas e maçãs, a brincadeira também pode ser realizada com bolas de papel, mais ou menos do tamanho de uma laranja.

Os competidores devem ser dispostos atrás de uma linha e a uns dez metros desta (ou mais ou menos, conforme o espaço disponível) deve ser traçada a linha de chegada. Os competidores deverão ficar de quatro e nas costas de cada um deverá ser posta uma laranja.

Ao sinal do coordenador, inicia-se a corrida em direção à linha de chegada. Os competidores deverão correr (ou andar) de tal maneira que a laranja não caia de suas costas. No caso de a laranja cair, este competidor deverá voltar para a linha de partida, recolocar a laranja novamente nas costas e o trajeto é reiniciado. Será vencedor quem primeiramente cruzar a linha de chegada com a laranja nas costas.

20. VOLTAS NO TONTO

Materiais
- Vassoura
- Bola de papel

Esta é uma brincadeira para diversão do grupo. Para que ela seja realizada é preciso providenciar uma bola de papel (pode ser também uma bola de meia), um barbante para pendurá-la, uma vassoura e uma venda para os olhos.

A bola de papel deve ser pendurada, de forma que fique a uns dois metros de altura do chão. Uma pessoa do grupo é escolhida para executar a tarefa, que consiste em acertar com a vassoura a bola de papel pendurada. Isto será executado, porém, da seguinte forma: o candidato é posto a uns quatro passos de onde está a bola de papel pendurada. Seus olhos são vendados e o coordenador deve dar umas 15 voltas nesta pessoa. Depois destas voltas, a pessoa recebe a vassoura na mão, deverá andar três passos e dar uma vassourada no ar, tentando acertar a bola pendurada.

O interessante desta brincadeira é tentar fazer com que a pessoa perca o senso de direção e dê uma vassourada no ar, num lugar onde a bola pendurada não esteja. Por isso, as pessoas que estão ao redor, observando a brincadeira, deverão mudar de posição enquanto o candidato estiver sendo girado, para que ele não consiga se orientar pelos sons dos participantes e perca o máximo possível a noção do espaço. Pode-se combinar uma recompensa para quem conseguir acertar a vassourada na bola dependurada.

21. BOLINHA NA COLHER

Materiais
- Colher
- Bola de pingue-pongue

Esta é uma brincadeira muito simples que exige, no entanto, habilidade dos participantes. Para a sua realização devem ser providenciadas colheres de pau e bolinhas de pingue-pongue. As colheres de pau deverão ser daqueles modelos retos, de mexer a comida na panela.

Cada participante receberá uma colher de pau e uma bolinha de pingue-pongue. Ao sinal do coordenador, os competidores deverão quicar a bolinha com a colher de pau. Será vencedor quem conseguir ficar quicando a bolinha por mais tempo, sem deixá-la cair no chão.

A brincadeira poderá ser repetida quantas vezes se quiser, trocando os participantes ou deixando sempre que o vencedor participe da rodada seguinte. Pode-se encerrar a brincadeira quando todos já tiverem participado ou se divertido o suficiente.

22. CORRIDA DA BOLINHA NA COLHER

Materiais
- Colher
- Bolinha de pingue-pongue

Esta é uma brincadeira de competição e, para realizá-la, é necessário que se providencie uma colher para cada participante e uma bolinha de pingue-pongue (ou outra bolinha parecida) para cada time a ser formado. Os participantes deverão ser divididos em equipes, com número igual de participantes para cada equipe. No caso de o número de pessoas presentes não formar equipes com número igual de membros, as pessoas excedentes deverão ser convocadas a serem controladores (juízes) da competição. É interessante para esta brincadeira que o número de participantes de cada time seja acima de oito pessoas.

Tendo sido formadas as equipes, cada uma delas deve ser disposta de tal maneira que seus membros formem uma fila, um ao lado do outro. Ou seja, as filas de jogadores não devem ser de um atrás do outro, mas de um ao lado do outro. As diversas filas de equipes podem ser dispostas de forma paralela uma à outra (com uma distância de pelo menos dois metros entre cada equipe) ou então de forma convergente, de maneira que uma ponta da fila fique sempre próxima a um "centro". Depois de dispostas as filas, cada jogador receberá uma colher. Quando cada qual tiver a sua colher, em uma das pontas de cada time deverá estar um juiz com uma bolinha de pingue-pongue. Ao sinal do coordenador, este juiz deverá colocar a bolinha na colher do primeiro participante. A competição consiste em passar a bolinha adiante, de colher em colher, até chegar ao último participante da equipe. Será vencedora a equipe que primeiro conseguir realizar esta tarefa. Não será permitido, porém, que se coloque a mão na bolinha. Ela só pode ser passada adiante de colher em colher, sem nenhum outro auxílio. O juiz de cada equipe deverá fazer o controle e, no caso de a bolinha cair no chão, ele deverá levá-la rapidamente ao primeiro membro da equipe e tudo começa de novo.

Esta competição poderá ser realizada em diversas rodadas, estabelecendo, por exemplo, que o time que primeiro ganhar três vezes (ou cinco vezes) será o campeão.

23. DANÇA DO PREGADOR

Material
- ✓ Pregador de roupa

Esta é uma brincadeira bastante adequada para ser realizada com grupo de crianças. Para a sua realização é necessário providenciar pregadores de roupa (estes de colocar roupa no varal) em número tal que cada participante possa ter pelo menos uns quatro ou cinco pregadores. É interessante que se consiga pregadores do mesmo modelo.

Os participantes são colocados ao centro do local da brincadeira. Cada qual deve tirar a camisa ou camiseta para fora da calça. Os ajudantes da coordenação deverão pendurar na parte de baixo da camisa ou camiseta de cada participante quatro ou cinco pregadores de roupa (ou mais pregadores, mas sempre um número igual de pregadores para cada participante).

Quando todos os participantes já tiverem com seus pregadores pendurados, dá-se a partida na brincadeira, que consiste no seguinte: os participantes terão que pular, requebrar, rebolar de tal maneira que os pregadores se soltem. O objetivo da brincadeira é conseguir se livrar de todos os pregadores o mais rápido possível, sem a ajuda das mãos. Pode-se estipular inclusive que os participantes deverão ficar com as mãos levantadas. A brincadeira decorre de maneira mais interessante com o acompanhamento de alguma música com um ritmo mais agitado, incentivando assim o movimento dos participantes.

A coordenação da brincadeira pode estipular se será declarado campeão quem primeiramente se livrar dos pregadores ou se – ao contrário – se deve estipular algum "castigo" para quem ficar por último, isto é, demorar mais tempo para se livrar dos pregadores. Podem ser realizadas diversas rodadas da brincadeira e encerrar quando todos tiverem se divertido o suficiente.

24. CORRIDA DOS PREGADOS EM DUPLA

Material
- ✓ Pregador de roupa

Esta é uma brincadeira de corrida, mas de uma maneira especial: corrida de pregados em dupla. Para a sua realização é necessário que se providencie pregadores de roupa, dois para cada dupla, e um lenço para cada dupla.

Os participantes deverão ser divididos em duplas. Esta divisão pode ser feita a partir de algum critério de escolha do coordenador ou deixar que os participantes formem livremente suas duplas. Quando as duplas já estiverem formadas, elas deverão ser dispostas lado a lado, atrás de uma linha de partida. Em lado oposto, a uns dez ou quinze metros (dependendo do espaço disponível), deverá ser estipulada a linha de chegada.

Estando as duplas lado a lado na linha de partida, os ajudantes dos coordenadores deverão "pregar" os membros das duplas um no outro da seguinte maneira: com o lenço e os pregadores de roupa. Isto deve ser feito da seguinte forma: de preferência abaixo do joelho, deve-se pregar (com o pregador de roupa) uma ponta do lenço na calça de um membro da dupla e a outra ponta pregar da mesma maneira na calça do outro.

Quando todas as duplas já estiverem devidamente amarradas, ao sinal do coordenador, elas devem correr em direção à linha de chegada. Esta corrida deverá ser, porém, de maneira tal que as duas pernas continuem pregadas através do lenço. Se no meio da corrida algum pregador se soltar, a dupla deverá correr de volta até a linha de partida, algum ajudante deverá pregá-la novamente e a mesma reiniciará a corrida. Durante a corrida as duplas poderão se dar as mãos ou abraçar-se da forma que quiserem. Só não poderão segurar o lenço ou os pregadores. Será vencedora a dupla que primeiro cruzar, pregada, a linha de chegada.

Em caso de necessidade, a coordenação pode permitir que antes do início da corrida as duplas façam juntas e amarradas um pequeno treino, para assim melhorarem a performance durante a competição.

25. PREGADOR NA BOCA

Materiais
- Papel
- Pregador de roupa

Esta é uma brincadeira que exige habilidade de seus participantes. Para a sua realização é necessário que se providencie pregadores de roupa (aqueles de pendurar roupa no varal), pedaços de papel e mesas. Os pedaços de papel deverão ser dobrados de tal forma que sempre fique uma ponta para cima.

A brincadeira pode ser realizada em forma de competição individual ou em time, onde cada equipe deverá escolher um membro para executar a tarefa. Os pregadores de roupa deverão ser previamente lavados. Cada competidor irá receber um pregador de roupa. À frente dele deverá estar uma mesa e, sobre esta, os pedaços de papel dobrados. Estes deverão ser dispostos num lado da mesa. Cortando a mesa ao centro, deve-se fazer um risco (pode ser com giz ou com um barbante), de tal forma que os pedaços de papel estejam todos de um lado do risco. A tarefa do competidor será colocar o pregador na boca – de maneira tal que consiga abri-lo e fechá-lo – e pegar com o pregador os pedaços de papel, transportando-os para o outro lado da linha. Durante a tarefa o competidor só poderá segurar o pregador com a boca. Suas mãos deverão ser postas às costas. No caso de o pregador cair da boca, ele poderá utilizar as mãos para colocá-lo na boca novamente, mas não poderá utilizar as mãos na tarefa de pegar e transportar os pedaços de papel.

A contagem da brincadeira poderá ser feita por tempo ou por tarefa. Ou seja, se for feita por tempo, estipula-se inicialmente três minutos (pode ser também cinco minutos) e a um sinal do coordenador todos os competidores começam a transportar pedaços de papel. Tendo passado o tempo predeterminado, encerra-se a competição e será vencedor aquele competidor que tiver conseguido transportar o maior número possível de pedaços de papel. Se a contagem for estipulada por tarefa, devem ser colocados para todos os competidores rigorosamente o mesmo número de pedaços de papel e será vencedor quem primeiramente tiver transportado todos os pedaços de papel para o outro lado da mesa. Como é possível que o pregador possa cair no chão, é aconselhável que se tenha à mão uma bacia com água para lavar rapidamente o pregador que caiu no chão.

Esta brincadeira poderá ser feita em diversas rodadas, principalmente no caso de equipes. Neste caso, a cada rodada os pregadores serão lavados novamente e cada time deverá indicar um outro competidor para realizar a tarefa.

26. CORRIDA DE TOCADORES DE BALÕES

Material
- ✓ Balões

Esta é uma brincadeira de competição em equipes ou individual. Para que ela se realize é necessário arranjar balões de ar, pelo menos cinco para cada competidor ou equipe. É interessante que os balões possam ser de cores diferentes, de tal forma que cada time seja reconhecido por uma cor. Se não for possível arranjar esses balões para cada time, é preciso prestar atenção para não confundir os balões dos diversos times ou competidores na hora da competição. Também é importante que haja balões de reserva para repor durante a competição caso algum venha a estourar.

Os balões devem ser enchidos de ar, mas não de maneira a ficarem quase estourando. Deve-se deixá-los de tal forma que não se arrebentem facilmente. Os competidores – ou os times – devem ser dispostos atrás de uma linha de partida. À frente, numa distância de dez a quinze metros, conforme o espaço permitir, deverá ser demarcada a linha de chegada. Cada competidor receberá cinco balões. No caso de equipes de competição, pode-se determinar que cada equipe escolha dois (ou três) competidores e eles recebem também cinco (ou mais) balões.

A competição consiste no seguinte: a um sinal do coordenador, o competidor (ou o time) deverá "tocar" seus balões até ultrapassar a linha de chegada. Isto poderá ser feito batendo com as mãos nos balões, com o corpo, ou mesmo chutando os balões. Só não é permitido pegar (segurar) os balões com as mãos para levá-los adiante. Cada jogador (ou equipe) deverá escolher a estratégia que mais lhe aprouver, isto é, se irá tentar "tocar" os balões todos de uma vez, se irá "tocar" um ou dois de cada vez e correr de volta para buscar os seguintes. O importante é que vencerá a competição o jogador (ou a equipe) que primeiro conseguir "tocar" seus balões todos para o outro lado da linha de chegada. Para o caso de algum balão estourar, deve-se ter balões de reserva e este deve começar a ser "tocado" sempre a partir da linha de partida.

Esta brincadeira pode ser realizada de maneiras variadas. Por exemplo: pode-se combinar que os balões só poderão ser "tocados" com as mãos ou então que só poderão ser chutados. Pode-se ainda providenciar tacos para os competidores e os balões só poderão ser "tocados" com os tacos. Pode-se também estipular que todos os balões devem ser "tocados" de uma vez só... Enfim, há espaço para a criatividade da coordenação para optar pela maneira que melhor divertir o grupo.

27. BOLA AO PNEU

Materiais
- ✓ Bola
- ✓ Pneu
- ✓ Corda

Esta é uma brincadeira muito antiga e conhecida já em diversos lugares, mas sempre boa para a diversão. Para que ela se realize é necessário arranjar um pneu usado (pode ser também algum outro aro semelhante). Este pneu deve ser pendurado de maneira que fique a cerca de um metro do chão. Deve-se também providenciar uma bola, de preferência uma bola de futebol.

Tendo sido pendurado o pneu no local adequado, a brincadeira consiste em chutar a bola e tentar acertar o pneu, isto é, tentar fazer com que a bola passe por dentro do pneu. A competição pode ser feita de forma individual ou em equipe. Deve-se estabelecer uma distância para o chute e esta distância deve ser respeitada por todos. Esta distância deverá ser estabelecida levando em consideração os competidores. Por exemplo, se forem crianças, deve-se estabelecer uma distância menor; se forem bons jogadores de futebol, deve-se estabelecer uma distância maior. Igualmente deve-se estabelecer o número de tentativas para cada competidor (ou para cada equipe), digamos, cinco ou dez tentativas. Será vencedor o competidor (ou a equipe) que conseguir acertar mais vezes a bola por dentro do pneu.

A coordenação poderá estabelecer diversas variações para esta competição. Por exemplo, é possível estabelecer pontuações diferentes para o caso de se conseguir fazer a bola passar por dentro do pneu ou apenas acertar o pneu com a bola. Pode-se também estabelecer distâncias diferentes para o chute e cada acerto de alguma distância vale um número diferente de pontos, de modo que a equipe possa arriscar fazer mais pontos com chutes a uma distância maior. Aqui vale a criatividade do grupo ou da coordenação para inventar possibilidades mais atraentes e mais divertidas.

28. GINCANA RÁPIDA

Material
- ✓ Criatividade

Esta é uma brincadeira que se presta especialmente para ocasiões onde estiverem presentes crianças e adultos, como festas de aniversário, de casamento, encontros de família, passeios com grupos de pais e filhos da escola, enfim, situações em que se queira fazer uma brincadeira de interação entre adultos e crianças. Para a sua realização não é necessário nada de especial além das pessoas, mas se houver a possibilidade de distribuir recompensas, tipo balas, bombons ou pequenos brinquedos para os vencedores, isto fará a brincadeira mais interessante para as crianças.

A coordenação (ou animação) propõe a realização de uma gincana rápida para as crianças que estiverem presentes. Reunidas as crianças, elas são divididas em equipes. Tendo sido formadas as equipes, o animador irá explicar que fará ponto a equipe que mais rapidamente trouxer o objeto que for pedido.

O animador grita então algum objeto que ele deseja que seja trazido. As crianças devem correr para procurar este objeto junto aos adultos que estiverem presentes. Quem primeiro trouxer o respectivo objeto para o animador, fará um ponto para sua equipe. Quando as crianças demorarem muito para achar o tal objeto, é possível que ele não se encontre entre os adultos. O coordenador faz então uma contagem regressiva (dez, nove, oito...) para encerrar a busca daquele objeto e grita o nome de algum outro objeto a ser procurado. Pode-se estabelecer um teto de pontos (tipo cinco pontos) para que uma equipe seja declarada vencedora e ganhe a recompensa, ou se pode dar uma recompensa a cada ponto feito. Isto depende muito do tipo de recompensa que está sendo oferecido.

Esta brincadeira se torna muito engraçada e divertida à medida que a animação souber pedir coisas engraçadas, divertidas ou inusitadas para serem procuradas. Assim, pode-se pedir coisas tipo: um batom que não seja vermelho, um pente, um espelho de bolsa, um lenço azul, uma caneta preta, um chaveiro de algum time de futebol, uma meia branca. Mas se pode também, conforme o ambiente e se as pessoas se sentirem à vontade, pedir coisas que estejam sendo trajadas, tipo alguém da plateia que esteja usando uma camiseta por baixo da camisa, uma pessoa com óculos bifocal, alguém com dentadura, um homem que esteja trajando uma cueca branca, uma mulher com sutiã bege.

29. BASQUETE INVERTIDO

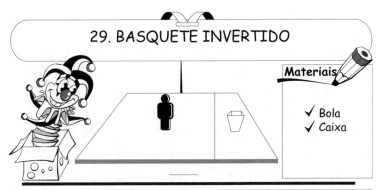

Materiais
- ✓ Bola
- ✓ Caixa

A brincadeira do basquete invertido é uma espécie de jogo, que pode ser disputado de forma individual ou em equipes. Sua execução é muito simples e requer que se providenciem uma bola (pode ser uma bola de basquete, mas o jogo pode ser realizado praticamente com qualquer tipo de bola) e um cesto (pode ser um cesto de lixo ou na falta dele também pode ser uma caixa de papelão, desde que a bola caiba dentro).

Inicialmente os participantes devem decidir se farão o jogo de forma individual ou em equipe. Neste caso, é necessário formar as equipes. O cesto é disposto em um lado do ambiente onde será o jogo, de preferência frente a uma parede. A uma distância de uns cinco ou seis metros do cesto, faz-se uma linha de demarcação. Os competidores deverão ficar atrás desta linha.

A brincadeira executa-se da seguinte maneira: cada competidor terá três chances de arremesso para acertar a bola no cesto. A bola não poderá, porém, ser arremessada diretamente no cesto. Ela terá que ser jogada de forma tal que quique primeiramente no chão antes de acertá-lo. O segredo será fazer a bola quicar com uma força e um ângulo tal que se possa acertar o cesto. Quando o cesto é disposto frente a uma parede, há ainda a possibilidade de o rebote da parede ajudar a acertar o cesto.

Terminada a rodada de três arremessos para cada jogador, será vencedor quem tiver acertado a bola no cesto por mais vezes ou então a equipe que tiver tido o maior número de acertos.

30. BOLA NA CAIXA DA CABRA-CEGA

Materiais
- ✓ Bola
- ✓ Caixa

Esta é uma brincadeira de competição em equipes ou em duplas. Para a realização desta brincadeira é necessário que se providenciem uma bola pequena (pode ser uma do tipo bola de tênis, mas pode ser também qualquer outra bola pequena de plástico), uma caixa de papelão e uma toalha ou pano para vendar os olhos de um participante.

No lugar onde será realizada a brincadeira serão feitas duas linhas paralelas de demarcação, com uma distância de cerca de cinco a seis metros entre elas. Os participantes deverão ser divididos em equipes ou em duplas, conforme o desejo do grupo. Para se iniciar a brincadeira, um dos membros da equipe (ou da dupla) deverá colocar-se atrás de uma das linhas demarcatórias, com a caixa de papelão no chão, com a abertura voltada para o lado, de tal forma que uma bola rolada no chão possa entrar na caixa. Quando este competidor estiver em sua posição (pode ficar de joelhos ou de quatro), pega-se a tolha e se venda os seus olhos. Atrás da outra linha deverá estar o seu companheiro de dupla ou um companheiro seu de equipe. Sua tarefa será rolar a bola pelo chão, na direção de seu companheiro, tentando acertá-la bola dentro da caixa. Durante o percurso da bola, tanto quem arremessou quanto sua equipe poderá gritar para o companheiro "cabra-cega" que desloque a caixa para a direita ou para a esquerda (ou para ficar no mesmo lugar) no sentido de tentar colocar a caixa na direção onde a bola de fato está indo. A equipe ou a dupla terá feito um ponto cada vez que conseguir acertar a bola na caixa.

Pode-se combinar que cada equipe (ou dupla) terá cinco arremessos. Depois troca-se de equipe (ou de dupla) e esta, por sua vez, também terá cinco arremessos. Terá vencido a equipe (ou dupla) que mais vezes tiver acertado a bola na caixa. O jogo poderá ser feito também com muitas equipes e diversas rodadas para cada equipe. Será vencedora a equipe que ao final de tudo tiver somado o maior número de pontos.

CULTURAL

Administração
Antropologia
Biografias
Comunicação
Dinâmicas e Jogos
Ecologia e Meio Ambiente
Educação e Pedagogia
Filosofia
História
Letras e Literatura
Obras de referência
Política
Psicologia
Saúde e Nutrição
Serviço Social e Trabalho
Sociologia

CATEQUÉTICO PASTORAL

Catequese
  Geral
  Crisma
  Primeira Eucaristia

Pastoral
  Geral
  Sacramental
  Familiar
  Social
  Ensino Religioso Escolar

TEOLÓGICO ESPIRITUAL

Biografias
Devocionários
Espiritualidade e Mística
Espiritualidade Mariana
Franciscanismo
Autoconhecimento
Liturgia
Obras de referência
Sagrada Escritura e Livros Apócrifos

Teologia
  Bíblica
  Histórica
  Prática
  Sistemática

REVISTAS

Concilium
Estudos Bíblicos
Grande Sinal
REB (Revista Eclesiástica Brasileira)
SEDOC (Serviço de Documentação)

VOZES NOBILIS

Uma linha editorial especial, com importantes autores, alto valor agregado e qualidade superior.

VOZES DE BOLSO

Obras clássicas de Ciências Humanas em formato de bolso.

PRODUTOS SAZONAIS

Folhinha do Sagrado Coração de Jesus
Calendário de Mesa do Sagrado Coração de Jesus
Agenda do Sagrado Coração de Jesus
Almanaque Santo Antônio
Agendinha
Diário Vozes
Meditações para o dia a dia
Guia Litúrgico

CADASTRE-SE
www.vozes.com.br

EDITORA VOZES LTDA.
Rua Frei Luís, 100 – Centro – Cep 25689-900 – Petrópolis, RJ – Tel.: (24) 2233-9000 – Fax: (24) 2231-4676
E-mail: vendas@vozes.com.br

UNIDADES NO BRASIL: Aparecida, SP – Belo Horizonte, MG – Boa Vista, RR – Brasília, DF – Campinas, SP
Campos dos Goytacazes, RJ – Cuiabá, MT – Curitiba, PR – Florianópolis, SC – Fortaleza, CE – Goiânia, GO
Juiz de Fora, MG – Londrina, PR – Manaus, AM – Natal, RN – Petrópolis, RJ – Porto Alegre, RS – Recife, PE
Rio de Janeiro, RJ – Salvador, BA – São Luís, MA – São Paulo, SP
UNIDADE NO EXTERIOR: Lisboa – Portugal